심도 있게 편찬된
구역 및 대학·청년부 성품 G.B.S. 시리즈 ❹

LOVE

사랑

묵상하는 사람들

프리셉트

서문

한국 교회 성도들을 하나님의 말씀으로 돕기 위하여 쉼 없이 달려온 프리셉트 성경연구원은, 쉽고도 심도 있는 성경공부 교재 개발의 부르심 앞에 순응하여 성품 시리즈를 기획하여 출간하게 되었습니다.
신앙생활은 예수님을 섬기는 삶이며 예수님의 성품을 체득하는 과정입니다. 이 성품 시리즈는 한국 교회 성도들이 소그룹에서 예수님의 성품을 함께 배우고 닮아 가는 데 크게 기여할 수 있도록 기획되었습니다.
한편, 프리셉트성경연구원은 구역, 셀, 소그룹, 그리고 청년부의 소모임을 위해 다양한 교재를 많이 개발하여 한국 교회를 효과적으로 돕기 위해 힘쓰고 있습니다. 그 종별의 특징은 다음과 같습니다.

Ⅰ. G.B.S. 교재의 종별 특징

1. High G.B.S. 시리즈

평신도 소그룹 중 성경공부를 장기간 진행해 온 분들에게 적합한 교재입니다. 프리셉트성경연구원의 고급 과정(PUP)에서 다루는 내용을 압축하여 정리한 내용으로서, 참여자들이 1시간 정도 예습해 올 수 있을 때에 효과적으로 진행할 수 있는 교재입니다.

2. BEST G.B.S. 시리즈

소그룹 참여자들의 신앙 수준이 다양한 점을 고려하여, 다양한 도입글과 질문을 제시하였습니다. BEST G.B.S.를 쉽고 편하게 진행하기를 원하면, 「더 깊은 연구와 묵상을 위하여」를 생략하고 다룰 수 있습니다.

3. 쉬운 G.B.S. 시리즈

이 교재는 질의응답식 내용을 통해 누구나 예습 없이 현장에서 쉽게 진행할 수 있도록 구성되었습니다.

4. 주제별 G.B.S. 시리즈

이 교재는 성경의 내용을 주제별로 다뤄서 해당 주제에 대해 성경적 세계관을 확립하는 데 큰 도움을 줍니다.

5. 하나님 마음에 합한 시리즈

이 교재는 신앙생활에 관한 16가지 주제를 소그룹용으로 편찬한 교재로서, 쉬운 G.B.S.에 비해 다루는 내용이 넓고 깊습니다.

6. 40분 G.B.S. 시리즈

이 교재는 미국 프리셉트 본부에서 기획된 교재로서, 약 40분 동안 활발한 토의식 성경공부를 진행할 수 있도록 구성된 편리하고 유용한 교재입니다.

7. 성품 G.B.S. 시리즈

이 교재는 성도들이 소그룹에서 끈기 있게 예수님의 성품을 배우도록 편찬되었습니다. 이 시리즈는 감사, 경건 등 성품이란 주제에 대하여 성경 본문을 집중적으로 연구하여 적용하도록 돕는 성품 변화에 통합된 자료입니다.

8. 기타

그 외에 수련회용, 주말 성경학교용, 청소년용, 제자훈련용 등 많은 교재가 준비되어 있습니다.

Ⅱ. 인도자를 위한 안내

1. 시작 시간을 정확하게 지키십시오.
2. 성령님께서 말씀의 비밀을 깨우쳐 주시도록 함께 기도하십시오.
3. 성경공부에 들어가기 전, 지난 주에 깨달은 말씀을 함께 나누면서 마음을 여는 시간을 가지십시오.
4. 인도자는 「도입을 위한 글」(서론)을 읽은 후, 참여자들에게 다양한 질문을 하여 활발한 토론을 유도하십시오. 이때, 교재에 주어진 질문만 하지 말고 다른 보충 질문들을 준비하여 이끌어 가십시오.
5. 각 문제마다 적절한 시간을 안배하여 중점적으로 다룰 문제는 충분히 토의하고 지엽적인 문제는 간단히 진행하십시오.
6. 각 과를 인도한 후, 다음의 평가항목을 통해 스스로 자기 점검을 하십시오.
7. 인도자로서 좀 더 깊이 성경을 배우고자 하는 분들은 프리셉트 성경연구 과정에 참여하셔서 도움을 받으시기 바랍니다(문의: 02-588-2218).

Ⅲ. 평가항목

1. 보조 질문은 좋았는가?
   명확하고 간략했는가?
   본문에 충실했는가?
   본질적인 문제에 접근했는가?
   깊은 통찰과 적절한 적용을 이끌어 냈는가?

2. 참여자의 발표를 잘 유도하고 격려했는가?

3. 말을 너무 많이 하거나 적게 하지는 않았는가?

4. 준비를 충분히 하였는가?

5. 본문에서 벗어난 방향으로 토의가 진행되지는 않았는가?

6. 시간은 잘 지켰는가?

차 례

1. 사랑은 한계가 없다

본문 마가복음 10:17-27

외울 말씀 예수께서 그를 보시고 사랑하사 이르시되 네게 아직도 한 가지 부족한 것이 있으니 가서 네게 있는 것을 다 팔아 가난한 자들에게 주라 그리하면 하늘에서 보화가 네게 있으리라 그리고 와서 나를 따르라 하시니 (21절)

도입을 위한 글

김성준 선교사와 같이 지내면서 그분의 이웃 사랑을 볼 때면, 나는 내 자신이 굉장히 부끄러워진다. 내가 목사로서 이분처럼 영혼을 구원하는 일에 열정을 가졌는가 하는 생각도 하게 된다. "당신은 왜 그 지역의 선교사로 갔습니까?" 하는 질문에 그분은 "그 야만인 지역은 전파가 통하지 않습니다. 또 글이 없어서 책을 줘도 읽을 수가 없습니다. 그러니까 제가 직접 가는 것 외에는 그들에게 복음을 증거할 방법이 없었습니다"라고 대답했다. 예수님이 원수를 사랑하라고 말씀하셨을 때 사람들의 감정은 부풀어 올랐고, 사랑해야겠다는 결단이 있었다. 그러나 결단을 실행에 옮기는 것이 쉽지는 않다. 실제적으로 사랑할 때 우리에게 고통과 아픔이 있기 때문이다. 예수님은 제자들을 가르치시기 위해 마지막 십자가를 지기 전 제자들의 발을 닦아 주시면서 사랑의 수고를 몸소 보여 주셨다. —홍정길, 『십계명 강해』

도입을 위한 질문

❶ 여러분은 사랑이 많은 존재라고 생각합니까?

❷ 하나님과 이웃을 진심으로 사랑할 수 없게 하는 장애물은 무엇입니까?

본문 질문

❶ 재물이 많은 사람은 예수님을 어떻게 부르고 어떤 질문을 했습니까(17절)?

*영생: '영혼불멸'과는 구별되어 '그리스도 안에서 하나님과 맺는 새로운 관계'를 의미한다(요 17:3; 롬 5:21). 현재의 새 생명(요 5:24; 요일 1:1-3)과 종말론적으로 하나님과 맺은 영원한 교제를(요 6:40) 뜻한다.

❷ 예수님은 영생을 갈망하는 그에게 어떤 대답을 해 주셨습니까(18-19절)?

❸ 그는 예수님이 말씀하신 6가지 계명을 어떻게 지켰습니까(20절)?

❹ 예수님은 사랑의 마음으로 그에게 무엇이 부족하다고 말씀하셨습니까(21절)?

❺ 다음 글을 읽고 한계가 없는 예수님의 사랑에 대해서 정리해 보십시오.

부자 청년은 자신이 모든 것을 다 안다고 믿었다. 자기 자신을 높이 평가하고 죄를 고백하기 싫어했다. 우리라면 절대 그 청년을 사랑할 수 없을 것이다. 그러나 예수님은 사랑하셨다. 사실 예수님이 그를 시험하신 것도 그를 사랑하셨기 때문이다. 예수님은 그가 사랑이 없을 뿐만 아니라 예수님의 사랑이 필요한 존재임을 깨닫기 원하셨다. 이런 모습을 통해 우리를 향한 예수님의 사랑을 엿볼 수 있다. 우리는 사랑을 안다고 믿었던 그 청년보다 조금도 나은 것이 없다. 그러나 예수님은 여전히 사랑의 눈빛으로 우리를 바라보시며 우리에게 사랑이 많지 않음을 깨닫게 하신다. 예수님의 사랑은 거기서 멈추지 않으시고 십자가의 죽음으로 우리의 사랑 없음을 용서해 주신다. 그리고 우리에게 성령을 보내셔서 예수님처럼 사랑할 수 있도록 도와주신다.

—필 라이큰, 『사랑한다면 예수님처럼』

❻ 재물이 많은 사람은 영생을 얻는 답을 듣고 어떻게 행동했습니까(22절)?

*근심하며: '충격' 혹은 '실망'을 의미한다.

❼ 재물이 있는 자가 하나님의 나라에 들어가기 어려운 이유는 무엇입니까(23-25절)?

*어렵도다(23절): 헬라어 원어인 '듀스콜로스'는 '고난'을 의미하지만, '불가능'을 의미하는 것은 아니다.

❽ 예수님은 사람의 구원이 누구의 영역 안에 있다고 말씀하셨습니까(27절)?

더 깊은 연구와 묵상을 위하여

❶ 성경은 영생과 구원을 어떻게 얻을 수 있다고 말씀합니까(요 3:16; 엡 2:8)?

❷ 예수님의 한계 없는 사랑을 받은 사람에게는 어떤 변화가 일어납니까(고후 5:14-15)?

적용을 위한 글

예수님께서 재물이 많은 사람에게 물어보셨던 6가지 계명은 사실 '이웃 사랑'을 대표하는 계명이다. 그는 이 계명대로 이웃을 사랑한다고 생각했다. 하지만 그 사랑은 자신의 재물을 포기하지 않는 선에서만 행하는 한계가 있는 사랑이었다. 예수님은 그에게 한계를 뛰어넘는 사랑, 곧 두 마음이 아닌 온전한 하나의 마음으로 하나님과 이웃을 사랑하길 원하셨다. 비록 재물이 많은 사람은 한계가 없는 사랑을 하지 못했지만, 예수님은 십자가 위에서 이 사랑을 보여 주셨다. 하나님과 죄인인 우리를 화목하게 하시려고 당신의 목숨을 던지신 예수님, 그분이 곧 한계가 없는 사랑이시다. 바로 이 사랑이 우리를 구원과 영생을 이르게 하는 것이다.

적용 및 결단을 위한 질문

❶ 여러분은 혹시 무엇인가를 포기하지 못해 한계 있는 사랑을 하고 있지는 않습니까?

❷ 예수님께서 여러분에게 한계 없는 사랑으로 품으라고 주신 이웃은 누구입니까?

2. 사랑은 하나님의 값없는 은혜다

본문 누가복음 15:11-24

외울 말씀 이에 일어나서 아버지께로 돌아가니라 아직도 거리가 먼데 아버지가 그를 보고 측은히 여겨 달려가 목을 안고 입을 맞추니 (20절)

도입을 위한 글

사탄은 우리에게 하나님의 은혜를 살 수 있다고 유혹한다. 그러나 하나님의 은혜는 값없이 주어지는 선물이므로 살 수 있는 것이 아니다. 은혜는 '사는 것'이 아니라 '주어지는 것'이기 때문이다. 우리는 선한 동기를 가지고 옳은 방법으로 일을 할 때도 조심해야 한다. 심지어 하나님과 교제할 때도 조심해야 한다. 하나님으로부터 무엇을 얻고자 한다면, 값없는 은혜를 자신의 공로로 바꿔 버릴 수 있기 때문이다. 또한 하나님으로부터 좋은 것을 받을 자격이 있다고 생각하는 함정에 빠지기 쉽다. 온통 자신만의 생각으로 가득 찰 때가 가장 위험한 것이다. 그러므로 우리는 자신의 공로와 노력을 벗어던지고 오직 하나님의 은혜를 바라봐야 한다. 우리가 하나님의 은혜를 구하고 그분과 교제하는 이유는 하나님을 사랑해서 함께 있기를 원하기 때문이다.

―조이스 마이어, 『단순함이 주는 기쁨』

도입을 위한 질문

❶ 여러분은 하나님을 사랑하고 함께하는 그 자체가 은혜의 시작이라고 믿습니까?

❷ 하나님께서 여러분에게 주신 값없는 은혜는 무엇입니까?

본문 질문

❶ 둘째 아들은 아버지에게 무엇을 요구했습니까(11–12절)?

*분깃(12절): 유산으로 받는 한 몫이다. 둘째 아들의 몫은 형이 받을 몫의 절반, 즉 재산의 3분의 1이었을 것이다(신 21:17).

❷ 둘째 아들은 아버지에게 받은 재물을 어떻게 사용했으며, 그 결과는 어땠습니까(13–14절)?

❸ 노예로 전락한 둘째 아들은 어떤 생활을 하며, 무엇을 깨달았습니까(15-17절)?

❹ 자신의 잘못을 뉘우친 둘째 아들은 무엇을 결심했습니까(18-19절)?

❺ 다음 글을 읽고 성경이 말하는 은혜에 대해서 정리해 보십시오.

> 은혜는 하나님의 백성에 대한 그분의 값없는 사랑을 말한다. 이 은혜는 언약을 통해 나타났으며, 예수님을 통해 성취됐다. 구약에서 히브리어 단어 3개가 이 개념을 표현하는 데 사용됐다. 히브리어 '헨'은 강자(창 33:8 이하), 특히 왕들이 약자에게 베푸는 호의(삼상 27:5; 에 5:8)를 나타내는 표현으로 자주 사용됐다. '헨'의 기본 어근인 동사 '하난'은 '은혜를 베풀다, 자비롭다'라는 의미가 있는데, 궁핍한 처지에 놓인 사람에게 값없이 호의를 베푸는 행위를 나타낸다. 나아가 히브리어 '헤쎄드'(긍휼, 인자)는 은혜에 대한 구약의 이해를 더욱 넓히고 있다. 신약에서 은혜를 표현하는 용어는 헬라어 '카리스'인데, '기뻐하다'라는 의미의 동사 '카이로'에서 유래했다. 하나님은 예수님을 보내셔서 인류의 죄를 대신해 십자가에 달려 죽었다가 부활하게 하심으로써 은혜를 보여 주셨다. 예수님은 인류에게 값없이 주신 은혜와 진리 안에서 그것을 충만하게 하신다(요 1:16-17; 히 1:2-3). 이로써 궁극적으로 하나님에게 찬양이 돌려진다(엡 1:6).
>
> —아가페, 『성경사전』, '은혜' 중

❻ 아버지는 다시 돌아온 둘째 아들을 어떻게 맞이했습니까(20절)?

❼ 아버지는 자신을 일꾼으로 써 달라는 둘째 아들에게 어떤 은혜를 보여 줬습니까(21-22절)?

*제일 좋은 옷, 가락지, 신 등은 아들의 신분 회복을 의미하는 상징물이다.

❽ 아버지가 살진 송아지를 잡으며 잔치를 벌인 이유는 무엇입니까(23-24절)?

더 깊은 연구와 묵상을 위하여

❶ 예수님이 탕자인 둘째 아들과 같은 죄인인 우리들에게 복음을 전하신 이유는 무엇입니까(마 1:21; 롬 5:8)?

❷ 비유 속 아버지를 통해 나타난 하나님의 성품은 무엇입니까(20-24절)?

적용을 위한 글

아버지의 유산을 받아 허랑방탕하게 살며 그 유산을 모두 허비한 탕자의 비유처럼, 인간은 하나님 앞에서 용서를 구할 자격이 없는 죄인이다. 하지만 하나님은 변함없는 사랑으로 죄인을 기다리시고 용서하시고 하나님의 자녀로 회복시키신다. 하나님의 값없는 사랑과 한량없는 은혜는 십자가에서 우리 죄를 위해 죽으신 예수님을 통해 완성됐다. 하나님은 우리가 예수님의 십자가 아래로 돌아오길 원하신다. 그리고 그것을 가장 기뻐하신다. 하나님은 인간이 돌아오기만 하면 죄를 묻지 않으시고 하나님의 자녀로서의 권세를 회복시켜 주신다. 왜냐하면 하나님은 사랑이시기 때문이다(요일 4:8).

적용 및 결단을 위한 질문

❶ 여러분을 하나님의 자녀로 다시 서게 한 하나님의 값없는 사랑과 은혜를 나눠 보십시오.

❷ 여러분의 공동체는 회개하고 돌아온 형제를 위해 어떤 잔치를 준비하고 있습니까?

3. 사랑은 섬김이다

✣ **본문** 요한복음 21:1-19

✣ **외울 말씀** 세 번째 이르시되 요한의 아들 시몬아 네가 나를 사랑하느냐 하시니 주께서 세 번째 네가 나를 사랑하느냐 하시므로 베드로가 근심하여 이르되 주님 모든 것을 아시오매 내가 주님을 사랑하는 줄을 주님께서 아시나이다 예수께서 이르시되 내 양을 먹이라 (17절)

도입을 위한 글

미국에 찰스 콜슨(Charles Colson)이라는 유명한 정치가가 있었다. 그는 머리가 비상하고 냉철한 사람이었다. 그런 그가 워터게이트 사건에 연루되어 옥에 갇혔다. 그때 상원 의원 세 사람이 그를 위해 매일 기도하고, 직접 찾아가 복음을 전했다. 마침내 찰스 콜슨은 형 집행 기간이 7달가량 남았을 때 복음을 받아들였다. 그리고 자신이 받은 사랑을 동료 죄수들에게 베풀며 섬겼다. 죄수들은 그의 모습에 감동을 받아 사랑의 교제를 나눴다. 상원 의원들이 베푼 값없는 사랑이 그의 삶을 완전히 바꾼 것이다. 이후 찰스 콜슨은 평생 죄수들을 위해 살겠다는 다짐을 하고『거듭나기』라는 책을 저술했는데, 그 책이 미국 사회에서 커다란 화제가 됐다. 나아가 그는 '교도소 선교회'라는 단체를 조직해서 죄수들에게 복음을 전하는 일에 힘썼으며, 종교계의 노벨상이라 불리는 템플턴상을 수상했다. —김경수,『예수님의 상담학』

도입을 위한 질문

❶ 누군가에게 값없는 사랑으로 섬김을 받아 본 경험이 있습니까? 그 사랑이 여러분을 어떻게 변화시켰습니까?

❷ 지금 여러분 주위에 값없는 사랑의 섬김이 절실하게 필요한 사람은 없는지 생각해 보십시오.

본문 질문

❶ 부활 후 예수님은 예루살렘 외 어느 곳에서 자신을 나타내셨습니까(1절)?

*디베랴: 갈릴리 호수 서쪽 연안에 인접한 어촌으로 헤롯 안디바가 건설해 로마 황제 티베리우스에게 헌정한 도시다. 갈릴리는 이 지명을 좇아 '디베랴 바다'로 불렸다.

❷ 베드로를 포함한 다른 제자들은 그곳에서 무엇을 하고 있었습니까(2-3절)?

❸ 제자들을 찾아오신 예수님은 그들에게 무엇을 말씀하셨습니까(5-6절)?

*얘들아(5절): '파아스'(어린이)에서 파생된 말이다. 원래는 '소년'을 가리키며, 여기서는 예수님께서 제자들을 향해 친근히 부르신 애칭으로 사용됐다.

❹ 예수님을 발견한 베드로는 어떻게 행동했습니까(7절)?

❺ 다음 글을 읽고 예수님이 제자들을 위해 차려 주신 조반의 의미에 대해서 정리해 보십시오.

> 예수님과 베드로의 사랑에 관한 3번의 대화를 대개는 베드로가 예수님을 3번 부인한 사건과 연관시켜, 3번의 회개할 기회와 용서를 베푸시는 사랑의 배려라고 설명한다. 물론 그런 의미가 전혀 없는 것은 아니겠지만, 예수님이 제자들을 용서하신 것은 아침 식사를 나눠 주시는 예수님의 손길에서 다 표현됐다. 예수님이 말없이 나눠 주신 아침 식사는 제자들의 잘못에 대한 무언의 용서였다. 이는 말로 표현되는 용서보다 더 강렬한 표현이었다. 오늘도 예수님은 우리의 잘못을 용서해 주는 것을 기뻐하신다. 잘못과 실수를 저질렀어도 오직 우리가 할 일은 다시 예수님 앞으로 나아가는 일이다. 예수님은 엎드려 회개하는 자를 외면하지 않으신다.
>
> -이병균, 『예수님 중심으로 펴는 신앙의 일곱 가지 본질』

❻ 예수님은 조반을 먹은 베드로에게 어떤 질문을 하셨습니까(15–17절)?

*사랑하느냐: 여기서 '사랑'은 예수님이 보여 주신 희생적이고 헌신적인 사랑을 의미한다.

❼ 베드로는 예수님의 질문에 어떻게 대답했습니까(15–17절)?

*사랑하는: 여기서 '사랑'은 친구 사이의 우정 같은 '서로 사귄 정'을 의미한다. 베드로는 자신의 '사랑'이 예수님이 요구하시는 '신적 사랑'에 미치지 못하는 미흡한 사랑임을 솔직하게 고백하고 있다.

❽ 예수님은 베드로가 앞으로 어떤 삶을 살 것이라고 말씀하셨습니까(18–19절)?

더 깊은 연구와 묵상을 위하여

❶ 베드로는 예수님께 어떤 칭찬을 들었던 제자였습니까(마 16:15–19)?

❷ 베드로는 예수님이 붙잡혀 가실 때 어떤 행동을 했습니까(마 26:69–75)?

적용을 위한 글

베드로는 "주는 그리스도시요 살아 계신 하나님의 아들이시니이다"(마 16:16)라는 인류 역사상 가장 멋진 신앙고백을 한 예수님의 제자였다. 하지만 그는 예수님이 십자가에 달리시는 순간, 예수님을 3번 부인했다. 이후 베드로는 부활하신 예수님을 만났지만 다시 일상으로 돌아가려 했다. 그 정도로 베드로는 나약한 사람이었다. 예수님은 이런 그를 직접 찾아가셔서 사랑의 밥상을 차려 주시고 사랑을 확인해 주셨다. 예수님의 사랑으로 거듭난 베드로는 예수님으로부터 '내 양을 먹이라'는 귀한 사명을 받았다. 그 사명대로 베드로는 예수님처럼 십자가에서 죽기까지 생명을 다해 맡겨진 영혼들을 예수님께로 인도했다.

적용 및 결단을 위한 질문

❶ 예수님을 인격적으로 만나기 전 여러분의 삶과 신앙생활은 어떤 모습이었습니까?

❷ 베드로처럼 예수님의 깊고 변함없는 사랑을 받은 여러분은 어떤 모습으로 예수님께 감사의 마음을 전하겠습니까?

4. 사랑은 회복을 이룬다

✢ **본문** 룻기 4:1–17

✢ **외울 말씀** 이는 네 생명의 회복자이며 네 노년의 봉양자라 곧 너를 사랑하며 일곱 아들보다 귀한 네 며느리가 낳은 자로다 하니라 (15절)

도입을 위한 글

그릇은 금이 가고 깨어질 때가 있다. 인생 역시 마찬가지다. 인간은 인격도 신앙도 건강도 양심도 쉽게 깨어지는 질그릇이다. 그러나 하나님의 손안에 있는 사람은 깨어지고 부서졌다고 해서 그것으로 끝나지 않는다. 인간이 끝나는 시간이 하나님의 시작 시간이기 때문이다. 성경은 "진흙으로 만든 그릇이 토기장이의 손에서 터지매 그가 그것으로 자기 의견에 좋은 대로 다른 그릇을 만들더라"(렘 18:4)고 말씀한다. 주님은 깨어지고 부서진 베드로를 더 값지고 튼튼하게 만들어 주셨다. 또한 도덕성이 무너진 다윗을 더욱 겸손하고 진실하게 만들어 주셔서 침상이 젖도록 눈물의 회개기도를 하게 하셨다. 우리는 말 한마디에 금이 가고 작은 충격에도 부서질 수밖에 없는 존재다. 그러나 토기장이이신 하나님은 우리를 다시 쓸모 있는 그릇으로 만들어 주신다. 하나님은 우리에게 회복을 이뤄 주는 분이시다.

–정영진, 『광야 수업』

도입을 위한 질문

❶ 여러분은 해결할 수 없는 문제 앞에서 그동안 어떻게 행동했습니까?

❷ 깨지고 무너진 여러분의 삶을 단단하고 견고한 삶으로 회복시켜 주신 하나님의 은혜가 있다면 함께 나눠 보십시오.

본문 질문

❶ 보아스는 나오미의 기업 무를 자를 찾기 위해 어떤 노력을 했습니까(1–2절)?

*성문(1절): 고대 성읍의 가장 중요한 장소다. 이곳은 백성들의 소송 문제나 일상생활의 문제를 심판하는 법정 기능을 담당하던 곳이다.

❷ 첫 번째 기업 무를 자가 말을 번복해서 권리를 포기한 이유는 무엇입니까(4–6절)?

❸ 첫 번째 기업 무를 자가 기업 무를 권리를 보아스에게 주면서 한 행동은 무엇입니까(7절)?

*신을 벗어: 신을 벗기는 행위는 상대편에게 모욕을 주는 일이었다(신 25:9). 그러나 여기서는 땅에 대한 소유권을 포기한다는 상징성을 지닌 행동이었다.

❹ 기업 무를 자가 된 보아스는 어떤 일을 약속했습니까(10절)?

❺ 다음 글을 읽고 기업 무를 자가 나타난 배경과 의미에 대해서 정리해 보십시오.

이스라엘의 과부는 땅을 소유할 수가 없었다. 과부는 땅을 소유할 법적인 자격이 없었기 때문이다. 그래서 남편이 아들을 낳지 못한 채 부인만 남기고 죽으면 땅은 자동적으로 씨족이나 다른 사람에게로 넘어가 버렸다. 그때 하나님께서 예외적인 법으로 허용하신 것이 죽은 사람의 형제 중 한 사람이 과부와 잠자리를 해서 아들을 낳아 주는 것이었다. '기업을 무를 자'라는 말은 히브리어로 '고엘'이다. 이는 한 가정의 가장이 아이를 낳지 못하고 죽었을 때, 가까운 친척 중에서 홀로 남은 여자와 결혼생활을 해서 아이를 낳아 주는 제도였다. 그래서 태어난 아이는 죽은 사람의 아이가 되고, 친족들은 죽은 자의 몫에 해당하는 땅을 사서 과부에게 돌려줬다. 그러면 그 과부는 남은 삶을 걱정 없이 지낼 수 있었다. 이것이 죽은 자에게 친족이 베풀 수 있는 가장 큰 사랑이었다. —김서택, 『약속의 땅을 정복하라』

❻ 증인된 장로와 백성들은 기업 무를 자가 된 보아스에게 어떤 축복을 했습니까(11–12절)?

*베들레헴(11절): '떡의 집'이라는 뜻으로 옛 지명은 '에브라다, 에브랏'이다. 이곳은 다윗의 고향이자 예수님의 탄생지다.

❼ 하나님은 보아스와 룻을 통해 나오미에게 어떤 은혜를 주셨습니까(13–15절)?

❽ 보아스와 룻이 낳은 아들의 이름은 무엇이며, 그는 장차 누구의 조상이 됩니까(17절)?

*오벳: '섬기다, 봉사하다'라는 뜻의 '아바드'의 분사형으로 늙은 외할머니 나오미를 섬기게 될 자다.

더 깊은 연구와 묵상을 위하여

❶ 모압 사람 룻이 시어머니 나오미를 떠나지 않은 이유는 무엇입니까(룻 1:15–18)?

❷ 룻기에 나오는 하나님은 어떤 분이십니까(룻 1:6)?

적용을 위한 글

나오미는 베들레헴을 떠나 모압에서 가족들과 함께 즐거움을 누리려고 했다. 하지만 나오미는 하나님이 약속하신 땅이 아닌 모압에서 남편과 두 아들을 잃는 슬픔을 겪었다. 다시 베들레헴으로 돌아온 나오미의 인생은 모든 것을 다 잃어버린 채 절망적인 상태였지만, 당신의 백성을 돌보시는 하나님(룻 1:6)은 그녀를 다시 회복시켜 주셨다. 그 회복의 도구가 바로 모압 여인 며느리 룻과 기업 무를 자를 자청한 친척 보아스다. 하나님께서는 룻과 보아스를 통해 당신의 백성을 향한 사랑을 보여 주셨다. 그 사랑으로 나오미는 잃었던 땅을 다시 찾았고 남편의 계보를 이어갈 아들 오벳을 얻었다. 하나님의 사랑은 거기서 끝나지 않고, 보아스의 계보에서 다윗 왕이 나오게 하셔서 이스라엘에게 신정 시대를 허락하셨다. 그리고 다윗의 혈통에서 예수 그리스도를 보내셔서 인류 역사에 구원의 시대를 시작하셨다.

적용 및 결단을 위한 질문

❶ 나오미의 가족처럼 하나님이 아닌 다른 곳에서 즐거움을 누리려고 했던 적은 없었는지 여러분의 모습을 돌아보십시오.

❷ 고통을 기쁨으로 바꾸시는 하나님이 지금 여러분에게 허락하신 회복의 도구는 무엇입니까?

5. 사랑은 인내다

✣ **본문** 요한복음 11:17–44

✣ **외울 말씀** 예수께서 이르시되 나는 부활이요 생명이니 나를 믿는 자는 죽어도 살겠고 (25절)

도입을 위한 글

이스라엘 땅은 석회질이 많아 비가 오지 않으면 시멘트처럼 딱딱해진다. 이른 비가 내려야 땅이 부드러워져서 농부들이 씨를 뿌릴 수 있다. 또한 농부가 아무리 수고해도 늦은 비가 오지 않으면 곡식은 열매 맺지 못한다. 그래서 농부는 이른 비와 늦은 비를 기다리며 인내를 배운다. 그리스도인에게 인내란 우리의 노력이 아닌 하나님의 은혜임을 아는 것이다. 즉, 내 힘으로 할 수 없음을 깨닫고 하나님께서 해결해 주신다는 믿음으로 기다리는 것이 참된 인내다. 기다리다 보면 지치고 마음이 흔들릴 때가 있다. 그러나 하나님을 바라보고 믿는 사람은 강하고 굳은 마음으로 끝까지 인내할 수 있다. 아무리 억울하고 어려운 일을 당해도 믿음을 지키고 하나님 안에서 인내하면 축복이 있다는 것을 우리는 안다. 그렇기 때문에 우리는 지금 안심할 수 있는 것이다.

–반태효, 『세상을 이기는 온전한 믿음』

도입을 위한 질문

❶ 여러분은 주로 어떤 상황에서 마음이 흔들려 인내하지 못합니까?

❷ 하나님이 주시는 이른 비와 늦은 비를 기다리며 어려운 상황을 인내한 경험이 있다면 함께 나눠 보십시오.

본문 질문

❶ 나사로는 예수님이 베다니로 오셨을 때 어떤 상태였습니까(17절)?

❷ 나사로의 여동생, 마르다와 마리아는 예수님을 보고 어떤 반응을 보였습니까(21, 32절)?

❸ 예수님이 마르다와 마리아에게 하신 말씀과 행동을 다음 표에 정리해 보십시오(23, 25-26, 33-35절).

*불쌍히 여기사(33절): '마음이 동요하다, 고통스럽다'라는 뜻이다. 여기서는 무리들의 믿음 없음을 불쌍히 여기며 마음이 괴롭고 고통스러운 상태를 가리킨다.

마르다		마리아	
23절		33-34절	
25-26절		35절	

❹ 예수님은 나사로가 묻힌 무덤을 보시고 사람들에게 무엇을 명령하셨습니까(39절)?

❺ 다음 글을 읽고 예수님이 보이신 인내의 의미에 대해서 정리해 보십시오.

요한복음 11장에 등장하는 모든 사람이 고난을 당했지만 예수님보다 더 큰 고난을 당한 사람은 없었다. 물론 예수님이 나사로의 소식을 듣자마자 베다니로 오셨거나 멀리서라도 고쳐 주셨다면, 이 모든 일은 일어나지 않았을 것이다. 그러나 예수님은 고통 중에도 하나님의 영광을 위해 인내하셨다. 예수님이 고난의 시간을 견디시는 모습을 보며 우리는 인내를 배운다. 예수님은 우리의 마음을 이해하시고 희생이 따르는 기다림이 무엇인지도 알고 계신다. 우리는 인내심을 잃고 조바심이 날 때마다 이 사실을 기억해야 한다. 예수님은 우리가 세상에서 겪어야 할 고통을 알고 계신다. 그러므로 우리는 고난을 허락하신 그분의 동기를 판단할 것이 아니라 그분의 사랑 안에서 삶을 해석하는 법을 배워야 한다. —필 라이큰, 『사랑한다면 예수님처럼』

❻ 예수님은 마르다가 믿음으로 무덤에 있는 돌을 치울 때 어떤 은혜가 있을 것이라 하셨습니까(40절)?

❼ 예수님은 무덤에 돌이 치워진 상황에서 하나님께 어떤 기도를 드리셨습니까(41–42절)?

❽ 예수님이 무덤을 향해 "나사로야 나오라"(43절)고 말씀하실 때 무슨 일이 일어났습니까(44절)?

더 깊은 연구와 묵상을 위하여

❶ 예수님이 사랑하는 나사로가 병든 사실을 아시고도 계시던 곳에서 이틀을 머무신 이유는 무엇입니까(요 11:4–6)?

❷ 그리스도인들이 고난 중에도 인내할 수 있는 이유는 무엇입니까(롬 5:3–5)?

적용을 위한 글

나사로를 사랑하셨던(요 11:5) 예수님은 말씀으로 그의 병을 낫게 하실 수 있는 능력을 갖고 계셨다. 하지만 하나님의 영광, 즉 부활의 능력을 모든 믿는 자와 사람들에게 보여 주시기 위해 나사로의 죽음을 참아내셨다. 결국 나사로는 부활이요 생명이신 예수님의 말씀으로 죽은 지 나흘 만에 무덤에서 다시 살아났다. 사랑하는 사람의 죽음을 나흘 동안 참아내심으로 인해 하나님과 예수님은 부활의 주로 모든 사람에게 높임을 받으셨다. 동시에 깊은 슬픔에 빠져 있던 마르다와 마리아는 하나님이 주신 기쁨에 사로잡혔다. 이처럼 예수님의 사랑 안에는 우리의 모든 고난이 끝나게 될 하나님의 위대한 계획이 들어 있다. 이 사랑을 믿는다면 하나님이 일하실 그 순간까지 인내해야 한다. 그러면 우리도 나사로가 무덤을 걸어 나오는 부활의 기쁨을 반드시 누리게 될 것이다.

적용 및 결단을 위한 질문

❶ 여러분이 마르다와 마리아처럼 인내할 수 없는 고난이 있다면 무엇입니까?

❷ 고난이 하나님의 영광과 사랑을 드러내는 도구임을 믿습니까? 그렇다면, 여러분은 앞으로 고난을 어떻게 대하겠습니까?

6. 사랑은 용서다

본문 마태복음 18:21-35

외울 말씀 너희가 각각 마음으로부터 형제를 용서하지 아니하면 나의 하늘 아버지께서도 너희에게 이와 같이 하시리라 (35절)

도입을 위한 글

『붐비는 우회로』라는 책에 보면, 회사의 자금 수천 달러를 몰래 빼돌린 한 젊은 회사원에 관한 이야기가 나온다. 그 행위는 적발됐고, 젊은이는 사장실에서 이 사건에 대한 조사를 받았다. 그는 틀림없이 회사에서 쫓겨나게 될 것이라고 생각했다. 그에게 내려질 법적 조치도 두려웠다. 진술이 모두 사실이냐는 질문에 그는 그렇다고 답변했다. 그러자 사장은 깜짝 놀랄 만한 질문을 던졌다. "내가 자네를 지금 그대로 일하게 해 준다면 앞으로 자네를 믿을 수 있겠는가?" 환한 얼굴로 젊은이는 대답했다. "예. 사장님! 저도 이 일로 인해 깨달은 바가 있습니다." 사장이 말했다. "나는 자네에게 책임을 묻지 않겠네. 가서 일을 계속하게." 젊은이와 대화를 끝내면서 사장은 마지막으로 이런 말을 들려주었다. "자네가 알아야 할 것이 한 가지 있네. 이 회사에서 유혹에 넘어갔다가 관용을 받은 사람이 자네가 두 번째라네. 첫 번째 사람은 바로 날세. 나도 과거에 자네와 같은 짓을 한 바가 있지. 물론 자네가 지금 받는 자비 역시 받은 바 있고 말일세."

—구대일, 『거룩한 몸부림』

도입을 위한 질문

❶ 여러분은 누군가에게 조건 없이 용서받은 적이 있습니까?

❷ 누군가를 진심으로 용서하기 위해 여러분에게 가장 필요한 것은 무엇입니까?

본문 질문

❶ 예수님은 형제의 범죄를 몇 번이나 용서해 줘야 하느냐는 베드로의 질문에 어떻게 대답하셨습니까(21-22절)?

*일곱 번을 일흔 번까지(22절): 정확히 490회를 뜻하기보다는 '절대로 원한을 품지 말라'는 말을 유대인 특유의 생생한 표현으로 옮긴 것이다.

❷ 천국 비유에 등장하는 종은 주인에게 얼마나 빚을 졌습니까(24절)?

*달란트: 원래는 '저울, 천칭의 추'를 의미하며, 후대에 무게 단위가 됐다. 1달란트는 약 34kg(3,000세겔)이다. 헬라에서 은 1달란트는 6,000드라크마(1드라크마는 노동자 하루 품삯)였다. 금 1달란트는 은 1달란트의 15배다.

❸ 주인은 빚진 종에게 어떻게 빚을 갚으라고 명령했습니까(25절)?

❹ 빚을 다 갚겠다는 종의 간절한 부탁에 주인은 어떻게 반응했습니까(26-27절)?

*탕감하여(27절): '아포'(…로부터)와 '히에미'(보내다)의 합성어로 채무나 구속 상태로부터 자유롭게 함을 의미한다.

❺ 다음 글을 읽고 신약 성경이 말하는 용서의 의미에 대해서 정리해 보십시오.

신약 성경이 말하는 용서에 대한 몇 가지 사실 중 하나는 용서받은 죄인은 다른 사람을 용서해야 한다는 점이다. 이것은 누가복음 6:31의 말씀을 비롯한 여러 곳에서 명백히 드러난다. 다른 사람을 용서하는 것이 우리가 참으로 회개했다는 표시의 일부다. 게다가 그것은 진심으로 하는 것이어야 한다. 이는 그리스도가 우리를 용서하심에서 비롯되며, 따라서 그분의 용서와 같아야 한다. 즉, "주께서 너희를 용서하신 것 같이 너희도 그리"(골 3:13) 해야 한다. 그리스도는 여러 번에 걸쳐 이 같은 것을 강조하신다(마 18:23-35). 예수 그리스도에 의한 용서는 그분의 본성과 그분의 행한 모든 것으로부터 온 용서를 뜻한다. 특별히 그것은 십자가와 따로 떼어서는 이해될 수 없으며, 그리스도의 죽음이 '죄를 위한' 죽음이라고 말해지기 때문에 더욱 그러하다.

―CLC, 『새성경사전』, '용서' 중

❻ 빚을 탕감받은 종은 자신에게 백 데나리온 빚진 동료를 어떻게 대했습니까(28-30절)?

❼ 종의 무자비한 행동을 들은 주인은 그를 불러 어떤 말과 행동을 했습니까(32-34절)?

❽ 예수님은 마음으로부터 형제를 용서하지 않으면 어떤 결과가 있다고 말씀하십니까(35절)?

더 깊은 연구와 묵상을 위하여

❶ 예수님을 3번 부인한 베드로는 예수님께 어떻게 용서를 받았습니까(요 21:15-17)?

❷ 하나님께서는 죄인인 우리를 어떻게 용서하셨습니까(롬 5:8)?

적용을 위한 글

우리는 절대 스스로의 힘으로 누군가를 용서할 수 없다. 하지만 누군가에게 무조건적인 용서를 받은 경험이 있다면 상황은 달라진다. 무조건적인 용서에서 나오는 값없는 사랑이 우리를 용서할 수 있는 존재로 변화시키기 때문이다. 주인이 만 달란트를 빚진 종의 빚을 완전히 탕감해 준 것처럼, 하나님은 우리가 죄인이었을 때 그 죄를 완전히 용서해 주셨다. 만 달란트를 손해 본 주인보다 더 큰 손해, 곧 자신의 하나밖에 없는 아들 예수 그리스도를 십자가에 내주시면서 우리를 향한 사랑을 확실하게 보여 주셨다(롬 5:8). 예수님은 그 사랑을 받은 자들은 반드시 사랑하라고 명령하셨다(요 13:34). 그러므로 우리는 그 사랑을 받은 자로서 무조건 사랑하고 용서해야 한다.

적용 및 결단을 위한 질문

❶ 만 달란트보다 더 큰 여러분의 죄는 무엇입니까?

❷ 죄 사함의 은혜와 감격으로 지금 여러분이 용서해야 할 사람은 누구입니까?

7. 사랑은 믿는 것이다

본문 시편 31:1-24

외울 말씀 너희 모든 성도들아 여호와를 사랑하라 여호와께서 진실한 자를 보호하시고 교만하게 행하는 자에게 엄중히 갚으시느니라 (23절)

도입을 위한 글

요한 세바스찬 바흐(Johann Sebastian Bach)는 현대 음악의 아버지로 불린다. 바흐는 엄격한 루터교 신자로 모든 음악의 유일한 목적은 하나님께 영광을 돌리고, 사람에게 즐거운 감정을 솟아나게 하는 것이라고 말했다. 또한 그리스도는 하나님의 아들로서 세상 만민의 죄를 홀로 감당하셨고, 누구든지 못 박혀 돌아가신 구주만 믿으면 구원을 얻게 된다고 전했다. 그의 믿음과 확신은 특별히 마태 수난곡에 그대로 나타난다. 예수님의 십자가 고난에 대한 마태의 음악적 묘사는, 이를 본 무리들의 마음속에 일어났던 그리스도의 사랑에 대한 감격이 바흐의 심령 속에 일어났다는 사실을 보여 준다. 하나님에 대한 바흐의 믿음이 이처럼 강렬하지 않았더라면 그토록 경건한 감정을 음악으로 표현하지 못했을 것이다.

–월터 어드맨, 『믿음으로 산 위인들』

도입을 위한 질문

❶ 하나님을 향한 여러분의 믿음은 무엇으로 더 단단해집니까?

❷ 여러분은 하나님이 주신 재능과 능력을 가지고 어떻게 하나님을 찬양하고 전하겠습니까?

본문 질문

❶ 고난 가운데 있었던 다윗은 가장 먼저 누구를 찾았습니까(1-2절)?

❷ 과거 다윗이 고난 가운데 있었을 때 하나님은 어떤 존재셨습니까(3, 5절)?

*산성(3절): 적군의 공격에 대비해 산 위에 세워진 '성채, 요새, 진지'를 말한다.
*속량하셨나이다(5절): '몸값을 치르고 되찾다'라는 뜻으로, 여기서는 '건져내다, 구원하다'라는 의미다.

❸ 현재 고난 가운데 있는 다윗은 어떤 모습입니까(9, 12절)?

*깨진 그릇(12절): '파괴되다, 사라지다'라는 뜻으로, 깨어져 쓸모없게 된 하찮은 존재를 의미한다.

❹ 다윗은 현재 고난의 원인이 무엇이라고 말했습니까(10절)?

❺ 다음 글을 읽고 믿음과 사랑의 관계에 대해서 정리해 보십시오.

하나님은 당신의 사랑하는 독생자 예수님과 똑같이 우리를 사랑하신다! 뿐만 아니라 그 아들은 우리가 이 사랑을 깨닫게 해 달라고, 아들을 향한 아버지의 사랑이 우리 안에도 거하게 해 달라고 간구하셨다. 아버지의 사랑을 깨달을 때 우리의 믿음은 더욱 견고해진다. 루이스 스미즈(Lewis Smedes)는 이렇게 표현했다. "믿음의 가장 깊은 동기는 하나님께 사랑받고 있다는 사실을 깨닫는 것이다." 하나님을 향한 믿음이 약해질 때, 우리는 성경으로 돌아가 하나님의 사랑에 대한 모든 말씀을 묵상해야 한다. "아버지께서 친히 너희를 사랑하심이라"(요 16:27). 우리에게는 그 사랑을 보여 주기 위해 이 세상에 오신 하나님의 아들 예수님이 계신다. 하나님은 이 같은 사랑으로 우리를 믿음의 사람이 되도록 빚으신다. 우리가 아버지의 사랑을 더 많이 경험할수록 절망과 역경의 순간에 그분을 신뢰하는 법 또한 깊이 배울 수 있다. 그리고 예수님처럼 믿음으로 기도하게 된다. "아버지, ○○를 아버지 손에 부탁하나이다."

—필 라이큰, 『사랑한다면 예수님처럼』

❻ 다윗은 고난 가운데서 누구를 의지했습니까(14-15절)?

❼ 다윗은 하나님이 앞으로 자신에게 어떤 은혜를 주시리라 믿었습니까(19-20절)?

*주의 은밀한 곳(20절): '숨기다, 감추다, 은신처, 비밀'이라는 뜻으로, 하나님의 절대적인 보호를 의미한다.

❽ 다윗은 성도들에게 어떤 영적 권면을 했습니까(23-24절)?

더 깊은 연구와 묵상을 위하여

❶ 예수님이 십자가 위에서 돌아가실 때, 하나님 앞에서 어떤 믿음의 고백을 하셨습니까(눅 23:46)?

❷ 사도 바울은 사랑과 믿음의 관계를 무엇이라고 설명했습니까(고전 13:7)?

적용을 위한 글

시편 31편은 환난으로 지쳐 있고, 해를 가하려는 원수에게 에워싸인 다윗이 하나님께 도움을 구하는 탄원시다. 그가 환난 가운데서 가장 먼저 하나님을 찾은 이유는 무엇일까? 하나님은 지금까지 항상 자신의 안전을 지켜 주셨던 분이고(3-8절), 지금 겪고 있는 환난 가운데서도 구원해 주실 분으로 믿었기 때문이다. 그래서 다윗은 자신의 앞날을 그분 손에 완전히 맡길 수 있었다(14절). 더 나아가 앞으로 자신에게 주실 보호하심의 은혜를 기대하며 목소리 높여 하나님의 사랑을 찬양했다(21, 23절). 이처럼 하나님이 당신의 백성에게 주시는 신실한 사랑은 환난 가운데서도 그들의 믿음을 더 단단히 하는 능력이자 은혜다.

적용 및 결단을 위한 질문

❶ 여러분은 환난 가운데서 가장 먼저 누구를 찾습니까?

❷ 어떤 순간에도 우리를 향한 사랑을 멈추지 않으시는 하나님께 우리는 어떤 모습으로 감사해야 합니까?

8. 사랑은 소망하는 것이다

✤ **본문** 요한복음 17:1-26

✤ **외울 말씀** 내가 아버지의 이름을 그들에게 알게 하였고 또 알게 하리니 이는 나를 사랑하신 사랑이 그들 안에 있고 나도 그들 안에 있게 하려 함이니이다 (26절)

도입을 위한 글

나는 소망한다. 내가 누구를 대하든 그 사람에게 꼭 필요한 존재가 되기를. 나는 소망한다. 타인의 죽음을 볼 때마다 내가 작아질 수 있기를, 그러나 나 자신의 죽음이 두려워 삶의 기쁨이 작아지는 일이 없기를. 나는 소망한다. 내 마음에 드는 사람들에 대한 사랑 때문에 마음에 들지 않는 사람들에 대한 사랑이 줄어들지 않기를. 나는 소망한다. 상대가 나에게 베푸는 사랑이 내가 그에게 베푸는 사랑의 기준이 되지 않기를. 나는 소망한다. 모두가 나를 있는 모습 그대로 받아 주기를, 그러나 나 자신만은 그렇지 않기를. 나는 소망한다. 언제나 남들에게 용서를 구하며 살기를, 그러나 그들의 삶에는 나에게 용서를 구할 일이 없기를. 나는 소망한다. 언제나 나의 한계를 인식하며 살기를, 그러나 그런 한계를 스스로 만들어 내지는 않기를. 나는 소망한다. 사랑하는 삶이 언제나 나의 목표가 되기를, 그러나 사랑이 내 우상이 되지는 않기를. 나는 소망한다. 모든 사람이 언제나 소망을 품고 살기를.

–헨리 나우웬, 『친밀함』

도입을 위한 질문

❶ 요즘 여러분이 가장 소망하는 것은 무엇입니까?

❷ 그리스도인이 가져야 할 참된 소망은 무엇이라고 생각합니까?

본문 질문

❶ 하나님이 예수님을 이 땅에 보내신 이유는 무엇입니까(2-3절)?

❷ 예수님은 누구를 위해서 간절하게 기도를 드리셨습니까(6, 20절)?

❸ 예수님은 세상에 남겨진 제자들과 후대의 성도들이 어떤 삶을 살기를 소망하십니까(11, 14, 21절)?

*이름(11절): 그 이름을 지닌 분의 속성과 권위와 실체를 함축하고 있는 말이다. 따라서 하나님의 이름을 나타냈다는 것은, 곧 하나님 그 자체를 드러냈음을 의미한다.

❹ 예수님은 제자들이 거룩한 삶을 살 수 있도록 무엇을 주셨습니까(14, 17절)?

*아버지의 말씀: 구약 성경이 아닌 예수님의 가르침을 뜻하며, 더 넓게는 하나님의 말씀으로서 예수님의 삶 전체를 말한다.

❺ 다음 글을 읽고 그리스도인의 소망에 대해서 정리해 보십시오.

중세 시대의 어떤 그리스도인들은 절망을 '큰 죄'로 여겼다. 그러나 어리석은 낙관주의도 치명적인 죄며, 그것을 기독교적 소망으로 대치하려는 시도 역시 죄다. 단순한 낙관주의가 성경에서 말씀하는 소망의 의미라고 생각해서는 안 된다. 낙관주의는 "걱정하지 마. 그 일은 일어나지 않을 수도 있어"라고 말한다. 그러나 소망은 "하나님의 은혜로 우리는 끝까지 사태를 다룰 수 있는 보다 훌륭한 능력을 갖게 될 것이다"라고 말한다. 낙관주의는 "기운 내"라고 말하고, 소망은 "하나님을 바라보라. 너의 구원이 다가오고 있다"라고 말한다. 기독교의 소망은 광야와 사막에서, 유랑생활 중에 선물로 우리에게 다가온다. 그것은 '소망을 동반한 믿음'이다. 기독교적 소망은 "바랄 수 없는 중에"(롬 4:18) 바랄 수 있으며 고난 중에 인내하는데, 인내는 인격을 낳고 인격은 소망을 이룬다. 그리스도인인 우리는 '우리를 실망시키지 않는' 하나의 소망을 굳게 붙잡기만 하면 된다. 왜냐하면 이것은 우리가 받을 자격이 없고 바랄 수 없음에도 불구하고 우리를 사랑하신 그분 안에 집약된 소망이기 때문이다.

–코넬리우스 플란팅가, 『마음의 확신을 위한 묵상』

❻ 예수님이 믿음의 성도들을 하나 되게 하시려는 목적은 무엇입니까(23절)?

❼ 예수님은 하나님의 사랑을 근거로 성도를 위해 무엇을 간구하셨습니까(24절)?

❽ 예수님을 통해 하나님을 안다는 것은 무엇을 의미합니까(26절)?

더 깊은 연구와 묵상을 위하여

❶ 우리가 하나님께 소망의 기도를 드릴 수 있는 이유는 무엇입니까(롬 5:5)?

❷ 하나님과 예수님이 사랑으로 하나 되신 것처럼, 제자들도 하나가 돼야 하는 이유는 무엇입니까(요 13:34-35)?

적용을 위한 글

예수님은 십자가에 달리시기 전 모든 제자를 위해 기도하셨다. 제자들의 안위와 성화, 연합과 영광을 위해 간구하셨다. 하나님의 놀라운 능력과 당신의 백성을 향한 사랑이 없으면 절대 이뤄질 수 없는 기도다. 그래서 이 기도엔 하나님과 예수님 사이의 사랑뿐만 아니라, 예수님을 통해 이어지는 하나님과 모든 제자 사이의 사랑도 넘쳐난다. 예수님에겐 하나님의 사랑으로부터 흘러나오는 소망이 있었음이 분명하다. 그 소망이 우리를 구원했고, 우리가 부활해서 천국으로 가는 영광을 누리게 했다. 이제 우리도 예수님처럼 하나님의 사랑에 근거한 소망으로 다른 사람들의 구원을 위해 기도해야 할 때다.

적용 및 결단을 위한 질문

❶ 여러분이 하나님의 사랑을 붙잡고 소망해야 할 기도 제목은 무엇입니까?

❷ 여러분의 가정, 일터, 교회 공동체가 하나님의 사랑으로 하나 될 수 있도록 기도하십시오.

9. 사랑은 기뻐하는 것이다

✣ **본문** 요한복음 15:1-12

✣ **외울 말씀** 내가 이것을 너희에게 이름은 내 기쁨이 너희 안에 있어 너희 기쁨을 충만하게 하려 함이라 (11절)

도입을 위한 글

어떻게 하면 하나님의 기쁨을 누릴 수 있을까? 첫 번째 비결은 자기감정에 집중하지 않는 것이다. 하나님의 뜻보다 자기감정을 우선하며 살아가는 그리스도인들이 많다. 그런 이들이 자기 상태에 만족하지 못하는 것은 당연하다. 기쁨의 비결은 묵상에 있다. 이것이 하나님의 기쁨을 누리는 방법이다. 하나님은 누구시며 무슨 일을 하셨는지, 우리를 향한 하나님의 사랑과 당신의 백성을 돌보시는 하나님에 대해 묵상해야 한다. 두 번째 비결은 하나님과의 사귐을 깨뜨리는 모든 장애물을 피하는 것이다. 하나님과의 사귐이 끊어지는 순간 우리는 비참해질 수밖에 없다. 세상을 의지하는 마음과 세상의 기쁨이 하나님의 기쁨을 몰아낸다. 그러므로 죄는 어떤 모양, 어떤 형태의 것이든 피해야 한다. 진정한 기쁨과 행복을 얻고 싶다면 세상의 것이 아무리 좋아 보여도 더 이상 바라보지 말자. 무엇보다 하나님이 말씀하시고 드러내신 진리를 바라보자. 그 진리를 깊이 묵상하며 그 진리에 대한 책을 읽을 때, 전에 몰랐던 기쁨을 경험하게 될 것이다.

–마틴 로이드 존스, 『날마다 읽는 마틴 로이드 존스』

도입을 위한 질문

❶ 여러분은 기쁨을 경험하기 위해 주로 무엇에 집중하고 있습니까?

❷ 여러분이 하나님과의 깊은 관계에서 경험한 기쁨은 무엇입니까?

본문 질문

❶ 예수님은 당신과 하나님을 무엇이라고 비유하십니까(1절)?

*참포도나무: 포도나무는 무화과나무, 감람나무와 함께 팔레스타인을 대표하는 나무다. 구약에서 포도나무는 종종 열매 맺지 못하는 이스라엘에 비유됐다. 반면 예수님은 당신을 '참포도나무'에 비유하시고 당신에게 접붙인 가지는 풍성하게 열매 맺을 수 있음을 교훈하신다.

❷ 참포도나무에 붙어 있는 가지처럼 예수님 안에 거하는 우리가 받는 은혜는 무엇입니까(3, 5절)?

*열매(5절): 다른 사람들의 삶에 유익을 주고 세상에서 하나님의 일을 진전시킨다는 측면에서 성도의 삶에서 나오는 좋은 결과를 뜻한다.

❸ 우리가 예수님 안에 거하지 못할 때 받는 불이익은 무엇입니까(4, 6절)?

*거하라(4절): '…안에 머물러 있으라'는 뜻으로 신뢰, 기도, 순종, 기쁨을 특징으로 하는 예수님과의 인격적 관계를 지속하라는 의미다.

❹ 우리가 예수님 안에 거하고 예수님의 말씀이 우리 안에 거할 때 우리는 무엇을 할 수 있습니까(7절)?

❺ 다음 글을 읽고 그리스도 안의 기쁨에 대해서 정리해 보십시오.

> 영원한 기쁨을 누리고 싶다면 하나님이 거룩하신 것 같이 거룩하라. 거룩함이 곧 복이다. 여러분이 어떤 시련을 겪고 있든지 "말할 수 없는 영광스러운 즐거움으로 기뻐하니"(벧 1:8)라는 말씀처럼 예수님을 기뻐하라. 그리하면 이것은 모든 고통에 대한 충분한 보상이 될 것이다. 우리가 기쁨을 잃었다면, 그 이유는 필시 우리의 죄 때문이다. 이는 실제로 죄를 범하는 것일 수도 있고, 무의식적으로 자아나 세상을 따라가는 것일 수도 있다. 우리가 하나님 안에서 기쁨을 누리는 삶을 살고자 한다면, 반드시 거룩해져야 한다. 우리의 거룩함이 되시는 하나님을 자랑하라. 그분의 임재 속에 충만한 기쁨이 있다. 하나님의 나라에서 살라. 이것이 성령님 안에서 누리는 기쁨이다. 성도들, 곧 하나님의 거룩한 자들은 장차 기쁨으로 외칠 자들이다.
>
> –앤드류 머레이, 『거룩, 이제는 거룩한 그리스도인으로』

❻ 예수님은 하나님께 영광 돌리는 참된 제자가 누구라고 말씀하십니까(7-8절)?

❼ 예수님의 사랑 안에 거하기 위해서 우리는 어떤 계명을 지켜야 합니까(10, 12절)?

❽ 우리가 예수님의 계명대로 사랑하면 우리 안에 무엇으로 가득 찹니까(11절)?

더 깊은 연구와 묵상을 위하여

❶ 우리가 서로 사랑할 수 있는 힘은 어디서 나옵니까(요일 4:10-11)?

❷ 사도 바울은 사랑과 기쁨의 관계를 무엇이라고 설명했습니까(고전 13:6)?

적용을 위한 글

예수님은 하나님의 아들이시다. 따라서 피조물인 인간이 감히 범접할 수 없다. 하지만 예수님은 친히 인간과의 인격적인 관계를 소망하셨다. 그래서 이 땅에 인간의 몸으로 오셔서 참포도나무가 되셨고, 그곳에 가지처럼 붙어 있는 우리들에게 하나님을 기쁘시게 하는 열매를 맺게 하셨다. 그 열매는 바로 '사랑'이다. 이처럼 예수님이 우리를 사랑하신 것같이 우리가 서로 사랑한다면 열매 맺는 가지, 곧 하나님께 영광을 돌리는 예수님의 제자인 것이다(8절). 또한 사랑의 계명에 순종할 때마다 예수님이 경험하셨던 풍성한 기쁨을 동일하게 누리게 된다(11절). 예수님은 우리에게 사랑을 주시고 사랑하게 하시고 사랑할 때만 누릴 수 있는 기쁨을 누리게 하신다. 진정 예수님은 우리가 거할 수밖에 없는 유일한 참포도나무다.

적용 및 결단을 위한 질문

❶ 여러분 안에 사랑이 식어 갈 때, 가장 먼저 무엇을 회복해야 합니까?

❷ 여러분이 참포도나무이신 예수님에게 인도하기 위해 사랑으로 품어야 할 사람은 누구입니까?

10. 사랑은 성내지 않는 것이다

♰ **본문** 마가복음 6:30-44

♰ **외울 말씀** 대답하여 이르시되 너희가 먹을 것을 주라 하시니 여짜오되 우리가 가서 이백 데나리온의 떡을 사다 먹이리이까 (37절)

도입을 위한 글

게티스버그 전투 때 남군의 군대는 건널 수 없는 강 앞에 직면했고, 뒤에서는 북군이 바짝 추격해 오고 있었다. 링컨(Lincoln)은 지금이 전쟁을 끝낼 수 있는 절호의 기회라 여겨 미드(Meade) 장군에게 공격을 명했다. 그러나 미드 장군은 망설였고, 남군은 무사히 퇴각했다. 낙담한 링컨은 미드 장군에게 다음과 같이 편지를 썼다.

〈친애하는 장군께〉
남군은 우군의 수중에 들어와 있었으며, 그를 공격했다면 전쟁은 종결됐을 것입니다. 그러나 현재로서 전쟁 종결의 희망은 보이지 않습니다. 이제 그날 병력의 2/3밖에 움직일 수 없기 때문입니다. 우리는 좋은 기회를 놓쳤고, 나는 매우 실망했습니다.

미드 장군은 그 편지를 읽고 어땠을까? 그러나 미드 장군은 그 편지를 받지 못했다. 링컨은 그 편지를 보내지 않았기 때문이다.

–데일 카네기, 『카네기 인간관계론』

도입을 위한 질문

❶ 여러분은 다른 사람의 실수나 잘못 앞에서 어떻게 반응합니까?

❷ 분노를 이길 수 있는 유일한 방법은 무엇이라고 생각합니까?

본문 질문

❶ 전도를 마치고 온 예수님의 제자들은 어떤 상황에 있었습니까(30-31절)?

❷ 예수님과 제자들이 한적한 곳으로 쉬러 갈 때 그들에게 무슨 일이 벌어졌습니까(32-33절)?

❸ 예수님은 당신을 찾아온 무리들을 보시고 어떻게 반응하셨습니까(34절)?

*불쌍히 여기사: '스플랑크논'(창자)에서 파생됐으며, '창자가 끊어지는 고통을 느낄 정도로 가엾게 여기다'라는 의미다.

❹ 날이 저물어 갈 때쯤 제자들은 예수님에게 어떤 요구를 했습니까(35–36절)?

❺ 다음 글을 읽고 분노를 다스리는 사랑의 힘에 대해서 정리해 보십시오.

영적 리더로서 성도들을 이끌고 네브래스카 주 링컨 시로 이주한 마이클 와이저(Michael Weisser)의 이야기는 진정한 '사랑의 힘'에 대한 교훈을 준다. 어느 일요일 아침, 마이클 와이저의 집에 한 통의 전화가 왔다. 상대방은 화난 목소리로 "여기로 이사 온 걸 후회하게 될 거다. 이 유태인 놈아!"라고 말하고는 전화를 끊었다. 며칠 후 편지가 오기 시작했다. 유태인, 흑인, 천주교도, 아시아인들을 멸종시켜야 한다는 증오 어린 내용이었다. 그 지역에서 그런 편지를 보낼 사람은 인종차별주의적 극우비밀조직 'KKK단'(Ku Klux Klan: 쿠 클럭스 클랜)의 단장 래리 트랩(Larry Trapp)뿐이었다. 증오에 대응하는 유일한 방법은 증오로 맞서는 것이다. 그러나 와이저는 자신만의 방식으로 싸움을 시작했다. 그것은 '사랑의 협박'이었다. 4개월 동안 와이저는 트랩의 자동 응답기에 다정한 메시지를 남겼다. 화가 난 트랩은 와이저가 메시지를 남기는 도중에 전화기를 들고 그만 귀찮게 하라고 말했다. 와이저는 직접 재배한 채소를 나누고 싶으니 집을 방문해도 좋으냐고 물었다. 오랜 침묵이 흐른 뒤 트랩은 "그럴 필요 없소. 어쨌든 말은 고맙소"라고 말했다.

–도널드 맥컬로우, 『빛나는 인격』

❻ 예수님이 굶주린 무리에게 먹을 것을 주라고 명령하셨을 때, 제자들은 어떻게 반응했습니까(37절)?

*데나리온: 노동자 하루 품삯에 해당하는 로마 은화로, 200데나리온은 노동자 200일 노임에 해당한다.

❼ 불만을 터뜨린 제자들에게 예수님은 무엇을 명령하셨습니까(38-41절)?

❽ 예수님의 명령을 따른 제자들이 경험한 기적은 무엇입니까(42-44절)?

더 깊은 연구와 묵상을 위하여

❶ 성경은 분노를 어떻게 다스려야 한다고 말씀합니까(시 143:8; 약 1:19-20)?

❷ 예수님은 당신을 3번 부인한 베드로에게 어떻게 행동하셨습니까(요 21:15-17)?

적용을 위한 글

제자들은 예수님이 주신 권능으로 전도를 하며 귀신을 쫓아내는 기적을 맛보았다. 하지만 예수님의 말씀을 듣기 위해 모인 5천 명이 넘는 사람들을 보고 짜증을 냈다. 가진 것으로 그들을 먹이라는 예수님의 명령에도 성을 냈다. 왜 그런가? 예수님처럼 무리를 바라보며 불쌍히 여기는 사랑이 없었기 때문이다. 제자들은 결국 사랑이 없는 까닭에 성내는 죄를 범했고, 예수님의 기적 또한 사모하지 않았다. 하지만 사랑이신 예수님은 제자들을 오병이어의 기적을 이루는 도구로 사용하셨다. 축사한 떡과 물고기를 나누게 하시고 무리들과 함께 배불리 먹이셨다. 이것이 바로 제자들의 성냄을 사랑으로 녹이신 예수님의 또 다른 기적이다.

적용 및 결단을 위한 질문

❶ 매일같이 여러분을 화나게 만드는 사람들을 만날 때, 우리는 가장 먼저 무엇을 구해야 합니까?

❷ 지금 여러분 주위에 굶주린 무리와 같은 사람들은 누구입니까? 그들에게 예수님의 사랑을 전할 수 있는 방법은 무엇입니까?

11. 사랑은 자기 유익을 구하지 않는 것이다

✣ **본문** 마태복음 26:36-46

✣ **외울 말씀** 조금 나아가사 얼굴을 땅에 대시고 엎드려 기도하여 이르시되 내 아버지여 만일 할 만하시거든 이 잔을 내게서 지나가게 하옵소서 그러나 나의 원대로 마시옵고 아버지의 원대로 하옵소서 하시고 (39절)

도입을 위한 글

사랑은 즐거움보다는 힘든 일에 더 밀접하게 연관돼 있다. 사랑을 실천하려면 어쩔 수 없이 무언가를 써야 한다. 그것은 보통 3가지 일용품인 '시간, 정력, 돈'이다. 대부분의 사람에게 이를 나눠 주는 것은 쉬운 일이 아니다. 그래서 어떤 그리스도인들은 기독교의 행복과 만족의 측면만 강조하고 희생은 전혀 언급하지 않는지도 모른다. 하나님처럼 사랑하기 위해서는 다른 사람을 위해 우리의 가장 소중한 것을 나눠 줘야 한다. 하지만 우리는 세상으로부터 이런 부르짖음을 끊임없이 듣고 있다. "당신이 가장 중요하다. 남에게 시간을 빼앗기지 말라. 재력을 비축해서 자신을 위해 써라." 역설적이지만 자신을 하나님께 드리고 희생적인 사랑으로 하나님의 백성을 섬긴다면, 세상이 줄 수 없는 만족감을 누리게 될 것이다.

–빌 하이벨스, 『아무도 보는 이 없을 때 당신은 누구인가?』

도입을 위한 질문

❶ 세상이 말하는 사랑은 무엇이라고 생각합니까?

❷ 예수님은 여러분에게 어떤 사랑을 보여 주셨습니까? 여러분은 그 사랑을 인생의 표준으로 삼고 실천하고 있습니까?

본문 질문

❶ 십자가의 죽음을 앞두신 예수님은 제자들과 무엇을 하러 겟세마네에 가셨습니까(36절)?

*겟세마네: 아람어 '카트 쉐멘'(기름짜는 틀)의 헬라어 음역이다. 예루살렘 동쪽 기드론 시내 건너편 감람 산 서쪽 기슭에 있는 동산으로, 예수님이 십자가에 달리시기 전 마지막으로 기도하신 곳이다.

❷ 특별히 예수님은 베드로와 세베대의 두 아들에게 무엇을 부탁하셨습니까(37–38절)?

❸ 예수님은 하나님께 어떤 모습으로 무슨 기도를 드리셨습니까(39절)?

*얼굴을 땅에 대시고: 극도의 겸비함을 나타내는 기도 자세로, 예수님은 온전한 정직함과 복종 속에서 자신의 생명을 내어놓으셨다.

❹ 예수님은 자고 있는 제자들에게 무엇을 말씀하셨습니까(40–41절)?

*시험(41절): 제자들의 시험은 잠에 굴복해서 예수님을 도와야 할 책임을 다하지 못하는 것이다. 또한 예수님이 십자가로 끌려가실 때 그분을 부인하고 싶은 유혹을 가리킬 수도 있다(마 26:31–35).

❺ 다음 글을 읽고 영적 전투에서 승리하는 비결에 대해서 정리해 보십시오.

『나를 따르라』의 저자 본회퍼는 이런 말을 했다. "예수님이 우리를 그분의 제자로 부르신 것은 죽으라고 부르신 것이다." 이 말은 진리다. 우리가 예수님의 제자로서 예수님의 모습을 가장 닮는 순간은 희생하는 모습을 보일 때다. 그러나 지금 이 시대는 어느 누구도 희생하려 하지 않으며, 사회가 점점 병들고 있다. 제자훈련을 받은 우리 교회 성도 한 분이 1년 동안 매일 묵상한 내용을 책으로 냈는데, 그중 이런 내용이 있었다. 부부가 예수님을 믿기 전에 아내가 큰 병으로 입원했는데, 어느 교회의 순장이 3개월 동안 하루도 빠짐없이 병문안을 갔다. 부부는 매번 2시간 이상 머물며 기도해 주고 복음을 전하는 순장의 모습에 놀랐다. 그러다가 아내가 퇴원하고 나서 도움의 손길이 필요하자, 또 어느 교회의 호스피스 집사님이 2년 동안 매주 한 번씩 방문해서 빨래와 청소를 해 주고 장도 봐 주었다고 한다. 이렇게 온갖 희생을 다하는 모습에 부부가 큰 감동을 받았고, 마음속에 예수님의 형상이 심어져 교회에 나오게 됐다는 것이다. 이런 희생의 모습이 바로 작은 예수의 삶이다.

–옥한흠, 『이보다 좋은 복이 없다』

❻ 예수님의 첫 번째 기도와 두 번째 기도의 공통점과 차이점은 무엇입니까(39, 42절)?

	첫 번째 기도	두 번째 기도
공통점		
차이점		

❼ 세 번째 기도를 마치신 후 예수님은 제자들에 무엇을 말씀하셨습니까(45절)?

❽ 자신을 잡으러 온 무리를 본 예수님은 어떻게 행동하셨습니까(46절)?

더 깊은 연구와 묵상을 위하여

❶ 예수님은 겟세마네에서 힘쓰고 애쓰시며 얼마나 간절하게 하나님께 기도하셨습니까(눅 22:44)?

❷ 예수님의 제자인 우리가 항상 깨어서 기도해야 하는 이유는 무엇입니까(살전 5:16-18; 벧전 5:8)?

적용을 위한 글

예수님은 죄인을 용서하기 위해(마 1:21) 이 땅에 오셔서 끊임없이 자신을 주셨던 하나님의 아들이시다. 하지만 예수님에게도 십자가의 죽음은 큰 고통이었다. 예수님은 단순히 육체적인 고통 때문에 죽음의 잔을 피하고 싶으셨던 게 아니다. 인간의 죄로 인해 한 번도 경험해 보지 못한 하나님과의 단절을 경험하셔야 했기 때문에 고통스러워하셨다. 그래서 하나님 앞에서 땀이 피가 되도록 간절히 기도하셨다. 하지만 그 순간에도 예수님은 하나님의 뜻을 따르겠다는 순종을 고백하셨다. 그리고 기도를 마치신 후 십자가의 길을 묵묵히 걸어가셨다. 절대 당신의 유익을 구하지 않으셨던 예수님의 순수한 사랑이 우리를 죄에서 구원했고, 자비하신 하나님을 증명했다. 이것이 예수님이 이 땅에서 보이신 위대한 사랑이다.

적용 및 결단을 위한 질문

❶ 여러분은 스스로 누군가를 위해 희생적인 사랑을 할 수 있습니까?

❷ 여러분 안에 우리를 구원하신 예수님의 사랑이 넘친다면 어떤 변화가 일어나겠습니까?

12. 사랑은 온유다

✢ **본문** 민수기 12:1-16

✢ **외울 말씀** 이 사람 모세는 온유함이 지면의 모든 사람보다 더하더라 (3절)

도입을 위한 글

어느 날 심리학자인 하아로우(Harlow) 교수가 이런 실험을 했다. 젖을 먹는 아기 원숭이들 앞에 엄마 원숭이 대신 2개의 인형을 만들어 놓았다. 2개의 인형 중 하나는 철사로, 다른 하나는 부드럽고 두꺼운 천으로 엄마 원숭이를 만들어 가슴에 우유병을 넣어 두었다. 그리고 아기 원숭이들이 어떻게 하는지 살펴봤다. 첫날에는 아기 원숭이들이 양쪽으로 가서 우유를 먹었다. 그러나 다음날부터는 천으로 만든 인형에게만 가서 우유를 먹었다. 이 실험에서 확인할 수 있듯이 동물들은 부드럽고 온유한 것을 좋아한다. 인간도 마찬가지다. 날카롭고 딱딱한 사람보다 부드럽고 온유한 사람을 선호한다. 부드럽고 온유한 사람에게 친구가 있고, 이웃이 있기 마련이다. 온유함으로 사람을 대하면 관계가 부드러워지고 서로에 대한 신뢰감도 깊어져서 하나님이 우리 안에 주신 사랑이 충만해지며 화평을 이루게 된다.

−1998년 3월, 『교사의 벗』

도입을 위한 질문

❶ 여러분은 가정과 일터 그리고 인간관계에서 온유한 사람으로 평가되고 있습니까?

❷ 여러분 안에 온유함을 회복하기 위해서는 어떤 노력이 필요합니까?

본문 질문

❶ 미리암과 아론이 모세를 비방한 이유는 무엇입니까(1절)?

*구스 여자: 에티오피아 여자를 뜻하며, 여기서는 모세의 후처를 가리킨다.

*미리암: 아론과 모세의 누이다. 어린 모세를 구하려고 애를 썼으며(출 2:4, 8), 홍해를 건널 때는 승리의 노래를 부르며 춤을 췄다(출 15:20).

*아론: 이스라엘 최초의 대사제로 모세의 형이다. 모세를 대신해 이집트 왕에게 하나님의 명령을 전했으며, 모세를 도와 노예 상태에 있던 이스라엘 민족을 애굽으로부터 탈출시켰다.

❷ 미리암과 아론은 자신들이 모세와 어떤 면에서 동등하다고 주장했습니까(2절)?

❸ 모세는 형제들의 비방에 어떻게 반응했습니까(3절)?

*온유함: '괴롭혀지다'라는 뜻으로, 고통과 굴욕을 겸손히 참아내는 고상한 인격을 의미한다.

❹ 하나님께서는 미리암과 아론에게 모세는 그들과 무엇이 다르다고 말씀하셨습니까(6-8절)?

❺ 다음 글을 읽고 예수님이 말씀하신 온유한 자에 대해서 정리해 보십시오.

'온유'란 우리 인생의 주인이신 하나님의 뜻에 온전히 순종하는 것이다. 주님께서는 온유한 자에게 복이 있으며, 땅을 기업으로 받을 것이라고 말씀하신다. 그렇다면 예수님이 말씀하시는 '온유한 자'는 어떤 사람인가? 바로 심령이 가난한 자다. 우리는 심령이 가난할 때 전능하신 하나님 앞에서 우리의 연약하고 부족한 내면세계를 그대로 표현하게 된다. 그래서 '나는 아무것도 아니다, 나는 연약한 존재다, 나는 하나님의 은혜가 전적으로 필요한 존재다'라고 깨닫게 된다. 이렇게 함으로써 자신이 쌓았던 업적, 공로, 자랑거리, 소유 등을 내려놓고 "이 모든 것이 주님의 것이며, 저의 소유가 아닙니다"라고 고백하는 것이다. 나를 비워내지 않고서는 절대로 온유할 수 없다. '나는 부자다, 나는 위대하다'라고 생각하는 교만한 자가 어찌 온유한 심령을 가질 수 있겠는가?

–김경섭, 『하늘의 음성』

❻ 하나님께서는 모세의 권위에 도전했던 미리암에게 어떤 저주를 내리셨습니까(10절)?

❼ 아론의 회개를 들은 모세는 누이 미리암을 위해 어떤 행동을 했습니까(13절)?

❽ 하나님께서는 모세의 기도에 어떻게 응답하셨습니까(14-16절)?

*아버지가 그의 얼굴에 침을(14절): 정죄와 수치를 주는 일종의 징계 행위다. 이때 아들은 7일간 자숙 기간을 가져야 했다.

더 깊은 연구와 묵상을 위하여

❶ 다윗은 압살롬에 쫓겨 도망가는 자신을 보고 시무이가 저주할 때, 어떻게 반응했습니까(삼하 16:9-12)?

❷ 예수님은 당신을 어떤 성품의 소유자라고 소개하셨습니까(마 11:29)?

적용을 위한 글

대제사장이었던 아론, 여선지자였던 미리암은 모세의 형제였다. 하지만 그들은 모세의 권위에 도전하기 위해 구스 여인과의 결혼 문제를 가지고 그를 비방했고, 자신들도 모세처럼 하나님의 말씀을 듣는다고 주장했다. 놀랍게도 모세는 이 고통과 굴욕을 겸손히 참아내며 그 어떤 반응도 하지 않았다. 왜냐하면 그는 지도자 자리도 하나님이 주신 것이고 자신의 삶 또한 하나님의 다스림 안에 있다고 믿었던 온유한 사람이었기 때문이다. 그래서 그는 분노하지 않고 하나님이 반응하실 때까지 기다렸다. 또한 모세는 누이 미리암이 하나님의 징계를 받아 나병에 걸렸을 때, 기뻐하지 않고 눈물로 하나님 앞에 치료의 은혜를 구했다. 우리는 자신을 비방했던 자에게 관대하며 기꺼이 도왔던 모세의 온유함 속에서 죄인인 우리를 구원하시고 자녀 삼아 주신 하나님의 사랑을 발견할 수 있다. 그러므로 사랑은 온유다.

적용 및 결단을 위한 질문

❶ 여러분은 사랑이 없는 상태에서 다른 사람들에게 온유할 수 있습니까?

❷ 여러분이 하나님과 신앙의 선배들이 보여 줬던 온유함을 실천해야 할 곳은 어디입니까?

클래식 도서

현대인을 위한 어거스틴의 참회록

성 어거스틴의 삶과 회심, 그의 신앙을 통해 살아 계신 하나님을 깊이 체험해 보자. 이 책은 죄로 인해 억눌린 마음, 하나님의 자비를 간절히 구하는 자들에게 놀라운 회복의 역사를 선물할 것이다.

■ 성 어거스틴 지음 | 값 14,000원

현대인을 위한 예수님이라면 어떻게 하실까?

110여 년의 세월을 관통하는 위대한 질문을 통해 우리는 자신의 삶을 다시 한 번 돌아보게 될 것이다. 우리의 삶에서 '예수님이라면 어떻게 하실까'를 먼저 생각하며, 주님의 발자취를 따라가는 삶이 되자.

■ 찰스 쉘던 지음 | 값 11,000원

인류 최고의 고전 그리스도를 본받아

성경과 천로역정 다음으로 가장 사랑받는 책! 마틴 루터, 존 뉴턴 같은 영적 거장들을 포함한 수많은 사람들의 삶을 변화시킨 이 책은 현대를 살아가는 우리들에게도 시대를 초월한 감동을 선사할 것이다.

■ 토마스 아 켐피스 지음 | 값 10,500원

앤드류 머레이의 하늘문을 여는 기도

이 책은 신앙의 핵심을 찾아서 일목요연하게 해설하고 있으며 자신의 경건과 기도생활 가운데 직접 깨닫고 체험한 것을 담고 있다. 이를 통해 그리스도인이 걸어가야 할 올바른 길을 발견할 수 있을 것이다.

■ 앤드류 머레이 지음 | 값 11,000원

클래식 도서

현대인을 위한 천로역정

성경 다음으로 사랑받는 이 책은, 크리스천과 그의 가족과 친구들이 천국에 가는 모험담을 담고 있다. 존 번연의 기발한 통찰력과 비유를 통해 고난을 넘어 천국에 입성하는 자신의 모습을 미리 맛보도록 하자.

■ 존 번연 지음 I 값 14,500원

현대인을 위한 죄 죽이기

죄악된 본성을 붙잡고 씨름할 때, 하나님의 방식대로 이겨 내야 열매를 거둘 수 있다. 성령의 능력으로 죄를 죽이고, 거룩한 삶을 사는 방법이 바로 이 책에 있다.

■ 존 오웬 지음 I 값 13,000원

현대인을 위한 성도의 공동생활

본회퍼의 대표작인 이 책은 기독교 공동체가 갖는 사귐의 아름다운 영성을 주옥같은 필체로 형상화했다. 참된 신앙고백 안에서 그리스도인의 고귀한 사귐을 느껴 보라.

■ 디트리히 본회퍼 지음 I 값 11,000원

현대인을 위한 참된 목자

사명을 이루기 위해 처음부터 끝까지 하나님의 방법으로 행하라. 목자가 스스로 복음의 확신을 갖고 항상 깨어 일한다면, 그를 통해 수많은 영혼들이 하나님께 돌아와 영광을 돌리게 될 것이다.

■ 리처드 백스터 지음 I 값 12,000원

추천 도서

하늘의 음성 30일 묵상편

이 책은 산상수훈이 오늘날 한국 교회와 그리스도인들에게 어떤 도전을 하는지 살펴봄으로써, 성도들이 자신의 신앙을 점검하고 예수님의 가르침대로 살 수 있는 길을 제시하고 있다.

■ 김경섭 지음 | 값 16,000원

스토리텔링 다윗 설교

이 책은 다윗의 모습을 통해 오늘날 그리스도인들이 무엇을 따라가야 하는가에 대한 방향성을 제시한다. 또한 스토리텔링 설교 형식으로 다윗의 생애를 전달하며 진정한 그리스도인의 삶의 본보기를 제시할 것이다.

■ 김연수 지음 | 값 11,000원

믿음의 영웅들 40일 묵상편

이 책은 하나님의 약속을 믿고 살아간 믿음의 영웅들의 발자취를 따라가며, 다양한 사례를 통해 하나님의 자녀가 어떤 믿음의 신조로 살아가야 하는지 방향성을 제시하고 있다.

■ 김경섭 지음 | 값 16,000원

열정적 설교

이 책은 목회자들이 설교에 열정을 회복하도록 권면한다. 또한 설교에 담겨야 할 핵심적인 요소를 짜임새 있게 제시하여, 열정적이며 유능한 설교자로 성장하도록 이끌어 줄 것이다.

■ 알렉스 몬토야 지음 | 값 10,000원

추천 도서

설교, 그 영광의 사역

이 책은 복음의 본질에 기초하여 성경적 설교의 이론과 실제를 체계적으로 소개하고 있다. 이로써 설교자들이 성경적 설교를 통해 영광스러운 하나님의 사역을 충실히 감당할 수 있도록 도울 것이다.

■ 한진환 지음 | 값 16,000원

좋은 교회에서 위대한 교회로

'좋은 교회'를 넘어 '위대한 교회'로 도약하는 것은 하나님의 뜻이며 비전이다. 이 책은 목회자의 리더십 변화를 통해 급성장한 교회들을 제시하고, 목회자들이 침체와 안일함에서 벗어나 도전하도록 격려한다.

■ 톰 레이너 지음 | 값 15,000원

사명을 수행하는 교회

하나님께서는 빠른 변화에 직면한 소형 교회가 멋지게 전환하여 이 시대에 필요한 사역을 감당하기 바라신다. 이 책은 소형 교회가 위기를 기회로 받아들이고 사명을 펼쳐나갈 수 있도록 도울 것이다.

■ 데니스 비커스 지음 | 값 10,000원

교회 갈등, 이렇게 해결하라!

올바른 커뮤니케이션에 도달하는 방법을 다루는 이 책은 교회의 지도자 훈련 교재로 사용할 수 있다. 또한 하나님의 교회가 갈등 안에서 사역과 성장에 새로운 활기를 얻어가는 과정을 볼 수 있을 것이다.

■ 케네스 갱겔 · 새뮤얼 케이나인 지음 | 값 15,000원

지은이 **김지용 목사**
총신대학교 신학대학원
죽전 안디옥교회 목사

심도 있게 편찬된
구역 및 대학 · 청년부 성품 G.B.S. 시리즈 ❹

사랑

지은이 | 프리셉트팀(김지용)

초판 1쇄 | 2016년 10월 14일

발행인 | 김경섭
국제총무 | 최복순
총무 | 김상현
기획국장 | 김현욱
서적부 | 양재성, 신충경
편집부 | 고유영(편집실장), 김지혜, 허윤희(편집), 유권지(디자인)

발행처 | 묵상하는사람들
등록번호 | 20-333
일부총판 | 생명의말씀사 Tel. (02) 3159-7979 Fax. 080-022-8585

주소 | 서울시 동작구 사당로2가길 91(사당동) (우) 07028
전화 | (02) 588-2218 팩스 | (02) 588-2268
홈페이지 | www.precept.or.kr
국민은행 772-21-0310-382(김경섭)

값 3,200원
ISBN 978-89-8475-695-3 04230
978-89-8475-659-5 04230(세트)

독자 여러분의 의견을 기다립니다.
독자 전화 (02) 588-2218 / pmnqt@hanmail.net